BEI GRIN MACHT SICH IHR
WISSEN BEZAHLT

- Wir veröffentlichen Ihre Hausarbeit,
  Bachelor- und Masterarbeit

- Ihr eigenes eBook und Buch -
  weltweit in allen wichtigen Shops

- Verdienen Sie an jedem Verkauf

Jetzt bei www.GRIN.com hochladen
und kostenlos publizieren

Murat Ertugrul

Serviceorientierte Plattformen in mittelständischen Unternehmen

GRIN Verlag

Bibliografische Information der Deutschen Nationalbibliothek:

Die Deutsche Bibliothek verzeichnet diese Publikation in der Deutschen National-
bibliografie; detaillierte bibliografische Daten sind im Internet über http://dnb.d-
nb.de/ abrufbar.

Impressum:

Copyright © 2009 GRIN Verlag GmbH
Druck und Bindung: Books on Demand GmbH, Norderstedt Germany
ISBN: 978-3-640-77269-8

Dieses Buch bei GRIN:

http://www.grin.com/de/e-book/136031/serviceorientierte-plattformen-in-mittel-
staendischen-unternehmen

GRIN - Your knowledge has value

Der GRIN Verlag publiziert seit 1998 wissenschaftliche Arbeiten von Studenten, Hochschullehrern und anderen Akademikern als eBook und gedrucktes Buch. Die Verlagswebsite www.grin.com ist die ideale Plattform zur Veröffentlichung von Hausarbeiten, Abschlussarbeiten, wissenschaftlichen Aufsätzen, Dissertationen und Fachbüchern.

Besuchen Sie uns im Internet:

http://www.grin.com/

http://www.facebook.com/grincom

http://www.twitter.com/grin_com

Thema:

Serviceorientierte Plattformen in mittelständischen Unternehmen

Inhaltsverzeichnis

1 Einleitung

Serviceorientierten Plattformen wird in der heutigen Zeit eine immer größere Bedeutung zugesprochen.

Im Gegensatz zu monolithischen Anwendungssystemen versprechen sie die Integration der verschiedenen Systeme in einem Unternehmen (z.B. Produktion, Finanzbuchhaltung, Warenwirtschaft) durch einzelne Funktionsbausteine.

Das zweite Kapitel definiert serviceorientierte Plattformen und beschäftigt sich mit deren Vorteilen und Nutzen.

Was unterscheidet ein mittelständisches Unternehmen, gerade im Hinblick auf die IT-Situation, von großen Unternehmen? Warum braucht es serviceorientierte Plattformen? Mit diesen Fragen beschäftigt sich das dritte Kapitel.

Das vierte Kapitel zeigt, was bei der Auswahl der richtigen serviceorientierten Plattform zu beachten ist.

Es gibt mittlerweile viele verschiedene Anbieter für serviceorientierte Plattformen. Das fünfte Kapitel stellt einige von ihnen mit ihren jeweiligen Lösungen kurz vor.

Die Arbeit schließt mit einer Zusammenfassung ab.

2 Serviceorientierte Plattformen

2.1 Definition serviceorientierter Plattformen

Serviceorientierte Plattformen basieren auf dem Konzept serviceorientierter Architektur.

"Eine Service-orientierte Architektur (SOA) ist ein Konzept, welche das Geschäft und die IT eines Unternehmens nach Diensten strukturiert, welche modular aufgebaut sind und flexibel zur Umsetzung von Geschäftsprozessen genutzt werden können." [1]

Es gibt viele verschiedene Definitionen des Begriffs "Serviceorientierte Architektur". Der Hauptgedanke ist aber, dass Geschäftsprozesse und Funktionen eines Unternehmens in einzelne Dienste (Services) zerlegt und anschließend durch diese abgebildet werden.

[1] vgl. Beckert: SOA: Definition und Abgrenzung

Auf diese Weise erhält man ein flexibles, leicht anpassbares System.

Serviceorientierte Plattformen beinhalten alle Komponenten, um eine serviceorientierte Architektur abzubilden.

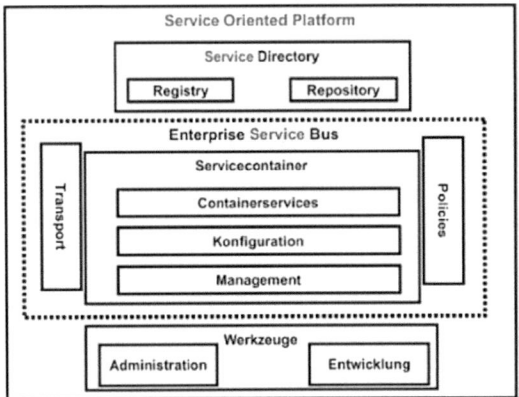

Abb. 1 Die Komponenten einer serviceorientierten Plattform 2

Eine serviceorientierte Plattform besteht aus mehreren einzelnen Komponenten, deren Hauptaufgabe die Verwaltung der einzelnen Dienste und deren Kommunikation untereinander und mit den Clientanwendungen ist.

Hauptbestandteil ist der Enterprise Service Bus.

Er stellt die Kommunikation zwischen den einzelnen Services sicher, indem er Meldungen verwaltet und weiterleitet. Außerdem kann er proprietäre Schnittstellen als Web Service Schnittstellen darstellen. [3]

Der Enterprise Service Bus entkoppelt die Clientanwendungen von den Diensten. Dieses Konzept macht serviceorientierte Architektur und damit auch die serviceorientierten Plattformen herstellerunabhängig.

---

2 vgl. Masak: Digitale Ökosysteme, S. 61
3 vgl. Liebhart: SOA goes Real, S. 122

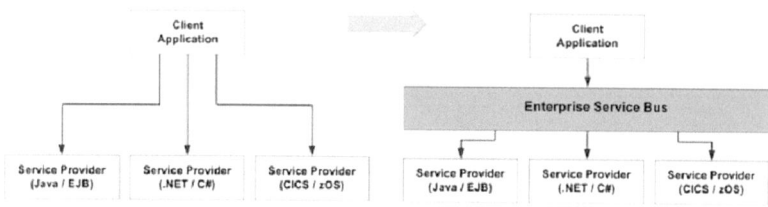

Abb. 2 Entkopplung durch den Enterprise Service Bus 4

2.2 Vorteile und Nutzen von serviceorientierten Plattformen

2.2.1 Flexibilität

Serviceorientierte Plattformen sind sehr flexibel. Ändert sich z.B. der Ablauf eines Geschäftsprozesses, so kann diese Änderung durch Anpassung oder Austausch eines Dienstes abgebildet werden. Es sind keine komplexen Anpassungen nötig.

2.2.2 Offenheit

Durch die Entkopplung von Clientanwendungen und den Diensten wird das System offener. Durch Schnittstellen können Anwendungen und Dienste unterschiedlichster Hersteller gemeinsam verwendet werden.

2.2.3 Kostenersparnis

Zwar ist der Kostenaufwand bei Einführung einer serviceorientierten Plattform hoch, allerdings rechnet sich dies mit dem vergleichsweise niedrigen Wartungsaufwand und den niedrigen Anpassungskosten.

---

4 vgl. Heinisch; Kölliker; Könings; Lattmann; Liebhart; Pakull; Schmutz; Welkenbach: Integration Architecture Blueprint, S. 19

3 Mittelständische Unternehmen

3.1 IT-Situation in mittelständischen Unternehmen

Mittelständische Unternehmen unterscheiden sich von großen Unternehmen im Hinblick auf die Anzahl der Mitarbeiter und die Höhe des Umsatzes.

Sie haben jedoch eines gemeinsam:
Auch mittelständische Unternehmen benötigen flexible Unternehmenssoftware.

Allerdings sind meist weder das nötige Geld, noch das nötige Personal vorhanden, um komplexe Lösungen in Eigenregie zu entwickeln

Mittelständische Unternehmen wollen keine eigene IT-Architektur konzipieren. Sie wollen eine "fertige" Lösung.

Die Standard Softwarepakete sind jedoch meist für große Unternehmen konzipiert und deshalb für den Mittelstand zu komplex, zu teuer, nicht branchenspezifisch genug und zu wenig frei konfigurierbar.

Nach einer Analyse der nGroup gibt es drei Trends in Bezug auf Kundenwünsche für Standardlösungen im Mittelstand:

- schnelle und sichere Einführbarkeit mit möglichst wenig Anpassungen
- Offenheit zur Einbindung von Plattformen anderer Anbieter
- ausgelegt für Anbindung von eBusiness-Anwendungen (z.B. Webshops) [5]

3.2 Warum serviceorientierte Plattformen?

Die Einführung von serviceorientierten Plattformen ist meist mit hohen Kosten verbunden. Warum sollten mittelständische Unternehmen also überhaupt an solchen Lösungen Interesse haben?

---

[5] vgl. Nowak: Chancen und Risiken von On-Demand ERP-Systemen in kleinen und mittelständischen Unternehmen, S. 21ff

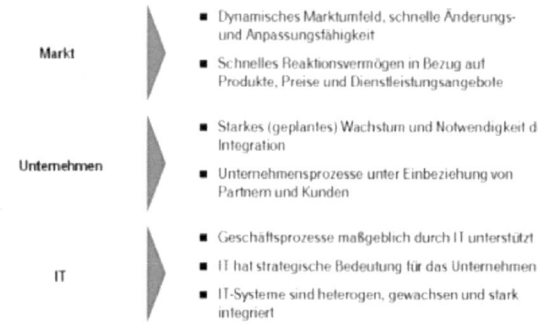

Abb. 3 Faktoren für den SOA-Einsatz 6

Abbildung 3 zeigt, aufgeteilt nach Markt, Unternehmen und IT, einige Punkte, die Gründe für die Einführung serviceorientierter Plattformen liefern.

Diese Faktoren sind ausschlaggebend, unabhängig von der Größe des Unternehmens.

Flexibilität und Integration sind die wichtigsten Argumente für serviceorientierte Plattformen in mittelständischen Unternehmen.

Die meisten IT-Systeme sind heterogen. Das heißt, es sind Produkte verschiedenster Hersteller im Einsatz, die nicht unbedingt untereinander kompatibel sind.

Auf diese Weise hat man zwar für jeden Unternehmensbereich eine passende Anwendung, allerdings können diese Anwendungen untereinander kaum oder gar nicht kommunizieren.

Ein steigendes Interesse der mittelständischen Unternehmen an serviceorientierten Plattformen würde hier vielleicht auch ein Umdenken bei den Herstellern auslösen und sie dazu bewegen, ihre Produkte zu modularisieren und mit offenen Schnittstellen zu versehen.

Durch höhere Flexibilität kann sich das Unternehmen besser im Wettbewerb behaupten, da auf Veränderungen schneller reagiert werden kann.

6 vgl. Müller: SOA im Mittelstand – Wie sinnvoll ist SOA?

4 Auswahl der richtigen serviceorientierten Plattform

4.1 Eigenentwicklung oder fertige Lösung

Die Eigenentwicklung scheidet bei mittelständischen Unternehmen meist aus. Sie ist sehr zeitaufwändig und kostenintensiv.

Das nötige Know-How muss zugekauft werden, da keine oder nicht genug eigene Fachleute vorhanden sind.

Der Kauf einer fertigen Lösung ist meist die billigere Alternative.

4.2 Kommerzielle Anbieter oder Open Source

Beide Varianten haben ihre Vor- und Nachteile.

Kommerzielle Produkte bieten den Vorteil leistungsfähiger Technologien mit professionellem Support.

Wenn alles aus einer Hand kommt, ist eine problemlose Integration aller Module gegeben. Probleme werden direkt vom Hersteller gelöst.

Nachteil kommerzieller Produkte sind die im Allgemeinen sehr hohen Lizenz- und Wartungskosten der Hersteller. Proprietäre Schnittstellen können zusätzlich zu Problemen führen.

Für ein mittelständisches Unternehmen ergibt sich meist auch noch das Problem, dass der Hersteller bei Änderungswünschen eher den großen Unternehmen Gehör schenkt und man entweder lange auf diese Änderungen warten oder viel Geld dafür bezahlen muss.

Der entscheidende Nachteil bei kommerziellen Anbietern wird zum großen Vorteil bei Open Source Produkten: der Preis.

Die Lizenzgebühren entfallen und der Quellcode steht zur Verfügung. Letzteres vermindert die Gefahr der Abhängigkeit von einem Hersteller und ist auch ein großer Pluspunkt, wenn Anpassungen nötig sind.

5 Anbieter serviceorientierter Plattformen für mittelständische Unternehmen

5.1 SAP

SAP geht vom Modell der Enterprise SOA aus, die auf Enterprise Web Services aufbaut. Damit werden Geschäftsprozesse in die Informationssysteme des Unternehmens abgebildet.

Mit NetWeaver als zentraler Integrationsplattform werden alle Systeme eingebunden und die Dienste als Web Services zur Verfügung gestellt.

Damit liefert SAP eine vollständige serviceorientierte Plattform.

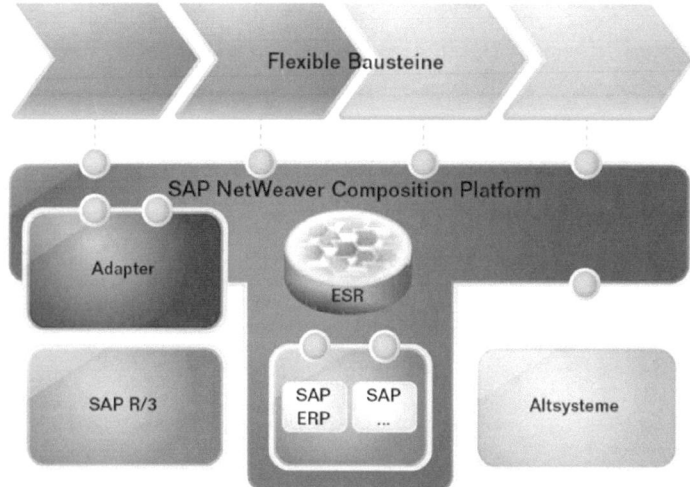

Abb. 4 SAP: Im Zentrum der SOA-Phiosophie steht NetWeaver, das Unternehmen einen gleitenden Übergang zu SOA ermöglicht 7

Daraufhin aufbauend bietet SAP mit SAP Business ByDesign eine Lösung, die sich komplett an den Mittelstand richtet.

7 vgl. Manhart: SOA-Werkzeuge: Kommerzielle und Open Source Tools

SAP Business ByDesign ist modular aufgebaut und der Kunde kann durch einen integrierten Business Configurator innerhalb weniger Stunden ein auf ihn angepasstes Testsystem aufsetzen. Dies kann direkt durch weitere Anpassungen in ein Produktivsystem übernommen werden.[8]

5.2 Sage Bäurer

Sage Bäurer bietet mit BOA (Bäurer Open Access) eine serviceorientierte Plattform speziell für mittelständische Unternehmen.

Der Name soll das Konzept von Offenheit durch Plattformunabhängigkeit unterstreichen. [9]

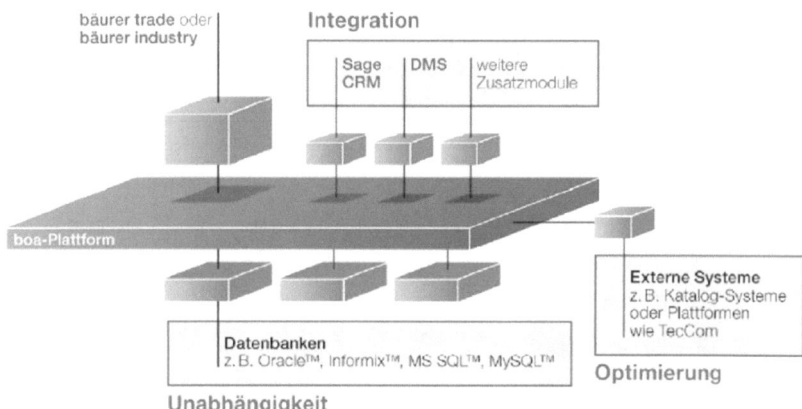

Abb. 5 Offene und flexible Technologieplattformen als Voraussetzung für Basis für nahtlose Prozessintegration[10]

Die Anwendung kann direkt durch den Benutzer konfiguriert und erweitert werden. Hierfür stehen die BOA Development Tools als Entwicklungsumgebung zur Verfügung.

Internetbasierte Lösungen ermöglichen dem Außendienst oder anderen Firmen-Niederlassungen den Zugriff auf die zentral betriebene Software.

8 vgl. Eichin; Zencke: SAP Business ByDesign, S. 1
9 vgl. Nowak: Chancen und Risiken von On-Demand ERP-Systemen in kleinen und mittelständischen Unternehmen, S. 17
10 vgl. Catterfeld; Zimpel: SOA im Mittelstand, S. 2

Durch Verwendung einheitlicher Web Service Standards ist garantiert, dass die Integration über verschiedene Plattformen und Programmiersprachen hinweg funktioniert. [11]

5.3 Oracle

Oracle definiert serviceorientierte Architekturen als standardbasierte Plattform, die es erlaubt, Dienste bereitzustellen, aufzufinden und gegenseitig zu benutzen.

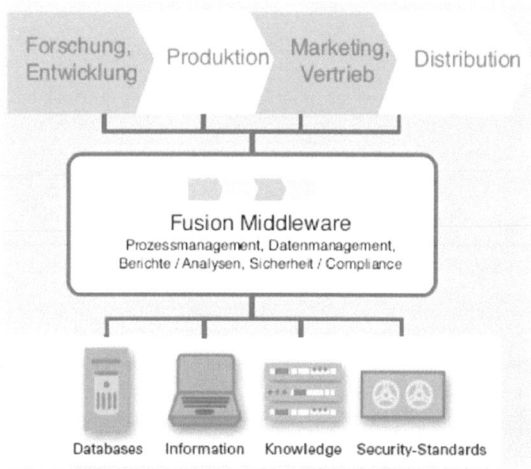

Abb. 6 Oracle Fusion entwickelt Ihre IT konsequent weiter [12]

Oracle Fusion stellt den gesamten Geschäftsprozess in den Mittelpunkt. IT-Funktionalitäten können damit gebündelt und optimal auf den Prozess ausgerichtet werden.

Durch konsequente Nutzung offener Standards können bestehende Anwendungen und sämtliche Datenquellen problemlos und flexibel eingebunden werden. [13]

---

[11] vgl. Zimpel: BOA ist da!
[12] vgl. Oracle Deutschland GmbH: Oracle Fusion Konzept
[13] vgl. Oracle Deutschland GmbH: Oracle Fusion Konzept

10

Die neue Softwaregeneration von Oracle verspricht neben einer besseren Integration einzelner Geschäftsanwendungen auch eine höhere Flexibilität beim Aufbau von Anwendungslandschaften und niedrigere IT-Betriebskosten.

5.4 IBM

IBM leitet die Architektur eines Informationssystems aus der Geschäftsarchitektur, einer Zusammenstellung der Services eines Unternehmens sowie den entsprechenden Regeln und Richtlinien für ihren Einsatz ab.

Die Websphere Produktpalette bildet die zentrale Komponente zum Aufbau von serviceorientierten Plattformen.

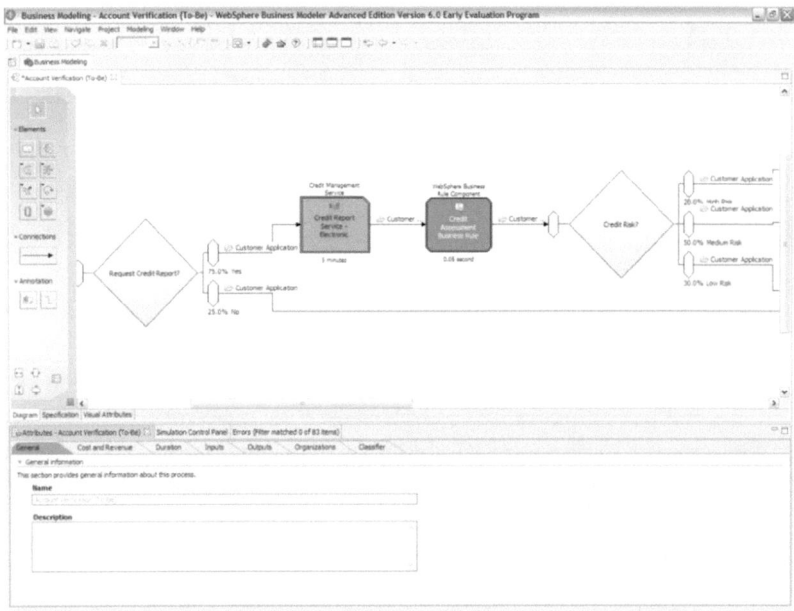

Abb. 7 IBM: Mit dem Business Modeler lassen sich schnell grafische Modelle von Geschäftsprozessen erzeugen [14]

[14] vgl. Manhart: SOA-Werkzeuge: Kommerzielle und Open Source Tools

Geschäftsprozesse werden bei IBM mit dem Business Modeler abgebildet. Die Simulationskomponente erlaubt es auch, zusätzlich Zeit und Kosten für einzelne Prozessschritte in die Modelle aufzunehmen.

Die so simulierten Geschäftsprozesse können mit Websphere weiterverarbeitet werden.

5.5 Open Source

Im Open Source Bereich gibt es keine fertige serviceorientierte Plattform, allerdings eine Vielzahl an Produkten, die jeweils bestimmte Teilaspekte umsetzen.

Falls ein Unternehmen bereits Open Source Produkte einsetzt, ist es durchaus sinnvoll, auch in diesem Bereich eine Open Source Lösung in Betracht zu ziehen.

Die meisten Open Source Produkte basieren allerdings auf Standards, die von einem globalen Modell der serviceorientierten Architektur ausgehen.

Dies bringt große Komplexität mit sich und macht es damit für mittelständische Unternehmen schwerer, die richtige Lösung zu finden und dementsprechend anzupassen. [15]

Mittlerweile wird Open Source auch von kommerziellen Anbietern benutzt, die Teile ihrer eigenen Lösung mit Open Source Produkten unterstützen.

6 Zusammenfassung

Serviceorientierte Architektur (und damit auch serviceorientierte Plattformen) erlangt eine immer größere Bedeutung.

---

[15] vgl. Liebhart: SOA goes Real, S.58

Nicht nur für große, auch für mittelständische Unternehmen sind die daraus resultierenden Vorteile, wie z.b. Integration unterschiedlichster Anwendungen und mehr Flexibilität bei Änderungen in Geschäftsprozessen, sehr interessant.

Dies haben mittlerweile auch die großen Hersteller erkannt und bieten deshalb auch gezielt serviceorientierte Plattformen für den Mittelstand.

Diese zeichnen sich durch geringere Komplexität und schnelle Konfiguration aus.

Open Source als Lösung ist für den Mittelstand eher wenig geeignet, da es hier kein fertiges Produkt gibt, sondern nur einzelne Module, die verschiedene Teilaspekte abdecken.

Literaturverzeichnis

CATTERFELD, CHRISTOPHER; ZIMPEL, HELGE:

SOA im Mittelstand

GITO Verlag

EICHIN, RÜDIGER; ZENCKE, PETER:

SAP Business ByDesign – Die neue Mittelstandslösung der SAP

Wirtschaftsinformatik 1/2008

HEINISCH, MARKUS; KÖLLIKER, MISCHA; KÖNINGS, MICHAEL; LATTMANN, MARCEL; LIEBHART, DANIEL; PAKULL, PERRY; SCHMUTZ, GUIDO; WELKENBACH, PETER:

Integration Architectu re BI uepri nt: Leitfaden zur Konstruktion von Integrationslösungen

Hanser Fachbuchverlag, 1. Auflage, 2008, München

LIEBHART, DANIEL:

SOA goes Real – Serviceorientierte Architekturen erfolgreich planen und einführen

Hanser Fachbuchverlag, 1. Auflage, 2007, München

MASAK, DIETER:

Digitale Ökosysteme (Seite 61)

Springer Verlag, 1. Auflage, 2009, Heidelberg

NOWAK, RALF:

Chancen und Risiken von On-Demand ERP-Systemen in kleinen und mittelständischen Unternehmen

Ansatzpunkte für eine Vermarktungsstrategie von SAP im Mittelstand

Grin Verlag, 2008, München

Quellenverzeichnis

BECKERT, SEBASTIAN:
SOA: Definition und Abgrenzung http://soa-know-how.de/index.php?id=45&txbccatsandauthors[catid]=11 Abrufdatum: 01.03.2009

MANHART, KLAUS:
SOA-Werkzeuge: Kommerzielle und Open Source Tools
http://www.tecchannel.de/webtechnik/soa/493176/soawerkzeugekommerzielle undopensourcetools/
Abrufdatum: 02.03.2009

MÜLLER, THOMAS:
SOA im Mittelstand – Wie sinnvoll ist SOA?
http://www.exploresoa.de/soa/de/soablog/SOA%20Nutzen
Abrufdatum: 02.03.2009

NIEMANN, FRANK:
Ist SOA für den Mittelstand geeignet?
http://www.computerwoche.de/knowledgecenter/mittelstandsit/1874419/
Abrufdatum: 02.03.2009

ORACLE DEUTSCHLAND GMBH:
Oracle Fusion Konzept: Wie Sie Ihre bestehende IT-Architektur flexibler und damit leistungsfähiger machen
http://www.competence-site.de/mittelstand.nsf/de1456b43234532ac12572830035ad50/10d463eea05469 7dc1 25754b0036f307!Open Document
Abrufdatum: 03.03.2009

ZIMPEL, HELGE-FRANK:
BOA ist da! Die Offensive für mehr Flexibilität im Mittelstand
http://www.sage.de/baeurer/produkte/technologieboa/boa.asp
Abrufdatum: 03.03.2009